1877 (Mars 19-20)

Troyon — Carolus Duran — Mme Peyrol —

CATALOGUE

DE

TABLEAUX MODERNES

Appartenant à M. B***

DE BRUXELLES

DONT LA VENTE AURA LIEU

HOTEL DROUOT, SALLES Nos 8 ET 9

Les Lundi 19 et Mardi 20 Mars 1877

A DEUX HEURES PRÉCISES.

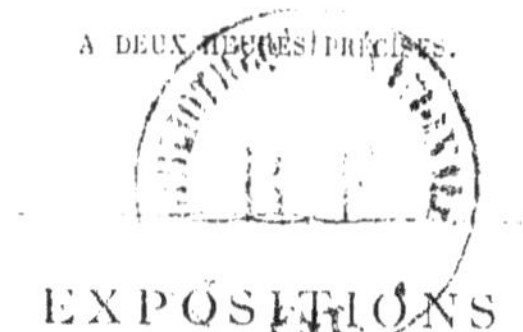

EXPOSITIONS

PARTICULIÈRE	PUBLIQUE
Le Samedi 17 Mars 1877.	Le Dimanche 18 Mars 1877.

DE UNE HEURE A CINQ HEURES.

COMMISSAIRE-PRISEUR,	EXPERT,
Me CHARLES PILLET,	M. FRANCIS PETIT
10, rue de la Grange-Batelière.	7, rue Saint-Georges.

Hier à l'Hôtel Drouot, on a vendu parmi la collection d'un marchand belge, le tableau de Carolus Duran, très remarqué au Salon, et qui sous le titre : *Les Joies de la famille*, était, on s'en souvient d'une composition assez originale. Sur une table desservie s'accoude une bonne d'enfant qui avec une cocotte en papier amuse une des petites filles du peintre assise sur les genoux de sa mère. Une quatrième figure est là qui étudie avec soin les premiers pas de la cocotte en papier, c'est Mlle Croizette.

Ce tableau a été vendu 5,800 fr.

CONDITIONS DE LA VENTE

Elle sera faite au comptant.

Les adjudicataires payeront *cinq pour cent* en sus des enchères.

Paris. — Typ. Pillet et Dumoulin, 5, rue des Grands-Augustins.

DÉSIGNATION

ACKENBACH

(OSWALD)

1 — Paysage italien.

Le site éclairé par le soleil couchant est extrêmement pittoresque.

A droite, au sommet d'une montagne, on aperçoit un monastère ; au premier plan, devant une chapelle est un moine assis et lisant.

Tableau important et d'une belle qualité.

Haut., 1 m. 31 cent.; larg., 1. m cent.

BAKKER-KORFF

2 — Mère et grand'mère au berceau de leur enfant.

Haut., 22 cent.; larg., 20 cent.

BEAULIEU

(ANATOLE DE)

3 — Marabout ombragé d'arbres au bord de l'eau.

Effet de soleil couchant.

Haut., 69 cent.; larg., 1 m. 22 cent.

BERNE-BELLECOUR

4 — Sentinelle perdue.

Épisode du siége de Paris.

Haut., 13 cent.; larg., 21 cent.

BOLDINI

5 — Intérieur d'atelier.

Modèle jouant avec un mannequin.

Haut., 13 cent.; larg., 18 cent.

BRILLOUIN

6 — Jean et André Both en Italie.

Haut., 37 cent.; larg., 46 cent.

BRILLOUIN

7 — Un Poëte lisant ses vers à deux amis.

Haut., 37 cent.; larg., 41 cent.

BROWN

(JOHN LÉWIS)

8 — Cavaliers en reconnaissance dans un bois.

Haut., 20 cent.; larg., 12 cent.

CABAILLOT-LASSALLE

9 — Les Présents.

Une jeune femme montre à son amie un écrin qu'elle vient de recevoir accompagné d'un bouquet.

Haut., 66 cent.; larg., 48 cent.

CAILLE

(LÉON)

10 — Intérieur breton.

Haut., 24 cent.; larg., 33 cent.

CALAME

11 — Vue de Suisse.

Groupe de sapins dans une gorge de montagnes.

Haut., 64 cent.; larg., 51 cent.

CALAME ET VERBOECKHOVEN

12 — Un torrent en Suisse.

Étude provenant de la vente de Calame et dans laquelle des animaux et une figure ont été ajoutés par Verboeckhoven.

Haut., 34 cent.; larg., 48 cent.

CARAUD

13 — Jeune femme embrassant un perroquet.

Haut., 65 cent.; larg., 44 cent.

CHAVET

14 — Jeune peintre à la recherche d'un sujet.

Haut., 56 cent.; larg., 46 cent.

CLAUDE

(EUGÈNE)

15 — Bouquet de lilas dans un grand bassin de cuivre et posé sur une table de pierre.

Haut., 81 cent.; larg., 1 m.

CLAYS

16 — Marine.

Un grand nombre de bateaux de pêcheurs sont en mer, on aperçoit à l'horizon les côtes de la Hollande. Effet de soleil.

Tableau important.

Haut., 86 cent.; larg., 1 m. 28 cent.

COLIN

(GUSTAVE)

17 — Marine.

Barques de matelots se dirigeant vers la terre.

Haut., 88 cent.; larg., 1 m. 14 cent.

COMPTE-CALIX

18 — L'Eté.

Haut., 32 cent.; larg., 45 cent.

COMTE

19 — La Levée des impôts.

Scène du moyen âge.

Haut., 52 cent.; larg., 40 cent.

COROT

20 — Paysage avec horizon très-étendu.

Haut., 46 cent.; larg., 55 cent.

CUNY

(EUGÈNE)

21 — Jeune femme essayant des boucles d'oreilles.

Haut., 1 m. 11 cent.; larg., 65 cent.

DAUBIGNY

22 — Un village des côtes de Bretagne.

Haut., 37 cent., larg., 67 cent.

DIAZ

23 — Paysage, effet de soleil.

Route passant entre un grand bois et une réserve. Au premier plan, une mare.

Haut., 50 cent.; larg., 61 cent.

DIAZ

24 — Paysage.

Haut., 24 cent.; larg., 32 cent.

DORCY

25 — Deux jeunes filles se mirant dans l'eau.

Forme ovale, haut., 40 cent.; larg., 32 cent.

DUBUFE

(ÉDOUARD)

26 — Jeune femme debout sur une terrasse entourée de fleurs.

Haut., 1 m. 12 cent.; larg., 80 cent.

DUPRÉ

(JULES)

27 — Moulin dans une plaine au bord de la mer.

Effet de soleil.

Haut., 31 cent.; larg., 50 cent.

DUPRÉ

(JULES)

28 — Ruisseau traversant un paysage boisé.

Effet de soleil couchant.

Haut., [illegible] cent.; larg., 32 cent.

DUPRÉ

(JULES)

29 — Vieux chêne au bord d'un cours d'eau.

Haut., 32 cent.; larg., 41 cent.

CAROLUS DURAN

30 — Les Joies de la famille.

Un baby assis sur les genoux de sa mère convoite une cocotte en papier que la servante fait courir sur une table qui les sépare. — La mère rit aux éclats, une autre jeune femme, debout derrière elle, partage sa joie.

Composition importante.

Haut., 92 cent.; larg., 1 m. 42 cent.

DUVERGER

31 — Ferme des Landes.

Intérieur avec figures et animaux.

Haut., 40 cent.; larg., 58 cent.

ESCOSSURA

(LÉON)

32 — Deux femmes regardant un écrin.

Haut., 24 cent.; larg., 32 cent.

FAIVRE

(TONY)

33 — Tête de jeune femme.

Haut., 26 cent.; larg., 21 cent.

FEYEN

(EUGÈNE)

34 — La Promenade au parc.

Haut., 78 cent.; larg., 54 cent.

FEYEN

(EUGÈNE)

35 — En pénitence.

Composition de trois figures.

Haut., 77 cent.; larg., 54 cent.

FRÈRE

(EDOUARD)

36 — Souvenir de Dieppe.

Une femme, accroupie dans une grotte ouverte dans une falaise donnant sur la mer, allume du feu pour préparer son repas.

Haut., 28 cent.; larg., 35 cent.

GÉROME

37 — Idylle.

Deux jeunes gens se rencontrent à une fontaine.

Scène antique.

Haut., 33 cent.; larg., 24 cent.

GUILLEMIN

38 — Intérieur béarnais.

Composition de trois figures.

Haut., 46 cent.; larg., 38 cent.

GUILLEMIN

39 — Intérieur breton.

Composition de quatre figures.

Haut., 46 cent.; larg:, 55 cent.

GOUPIL

(JULES)

40 — L'Enfant endormi.

Une jeune mère, assise auprès du berceau de son enfant, recommande le silence à une de ses amies qui s'approche.

Haut., 82 cent.; larg., 67 cent.

HAMMAN

41 — L'atelier de Stradivarius.

Le célèbre Corelli essaie des violons.

Haut., 58 cent.; larg., 72 cent.

HAMMAN

42 — Le Récit.

Haut., 46 cent.; larg., 37 cent.

HUE

43 — Soubrette apportant une lettre à sa maîtresse qui finit de déjeuner.

Haut., 84 cent.; larg., 65 cent.

JACQUE

44 — Troupeau de moutons paissant à l'ombre de grands arbres.

Le berger est couché sur l'herbe.

Haut., 80 cent.; larg., 64 cent.

JACQUE

45 — Brebis et agneau dans une prairie.

Haut., 27 cent.; larg., 21 cent.

JACQUE

46 — Troupeau de moutons paissant sur le revers d'une colline.

Haut., 27 cent.; larg., 35 cent.

JACQUE

47 — Troupeau de vaches venant boire à un cours d'eau.

Grand et beau dessin rehaussé.

Haut., 72 cent.; larg., 95 cent.

DE JONGHE

48 — Jeune femme interrompant sa tapisserie pour jouer avec un chat.

Haut., 59 cent.; larg., 44 cent.

DE JONGHE

49 — Jeune femme donnant une dragée à un perroquet.

Haut., 61 cent.; larg., 45 cent.

LAFON

(FRANÇOIS)

50 — La Musique.

Figure de femme en costume du moyen âge.

Haut., 1 m. 30 cent.; larg., 80 cent.

LANDELLE

51 — Femme fellah.

Haut., 60 cent.; larg., 50 cent.

LANDELLE

52 — La Prière du matin.

Haut., 1 m. 15 cent.; larg., 80 cent.

LAPORTE

53 — Petite fille entrant au bain dans une grotte ombragée d'arbres.

Haut., 1 m. 49 cent.; larg., 85 cent.

LÉVY

(ÉMILE)

54 — Enfant nu, couché et endormi.

Haut., 76 cent.; larg., 1 m. 17 cent.

LOUTREL

55 — Soubrette se faisant essayer des chaussures.

Haut., 41 cent.; larg., 32 cent.

MAIGNAN

56 — Bohémienne, tireuse de cartes.

Souvenir de Grenade.

Haut., 81 cent.; larg., 64 cent.

MICHEL

(ERNEST)

57 — Jeune Romaine assise à terre et regardant la campagne.

Près d'elle est un tambour de basque.

Haut., 65 cent.; larg., 50 cent.

MULLER

(CHARLES-LOUIS)

58 — Jeune femme regardant une pêche qu'elle tient à la main.

Haut., 64 cent.; larg., 52 cent.

NITTIS

(JOSEPH DE)

59 — Un champ pendant la fenaison.

Haut., 9 cent.; larg., 18 cent.

PÉCRUS

60 — Doux entretien.

Haut., 55 cent.; larg., 46 cent.

PEYROL BONHEUR

MADAME

61 — Brebis et deux agneaux couchés sur un terrain rocheux.

Haut., 26 cent.; larg., 35 cent.

PLASSAN

62 — Après déjeuner.

Tandis que le maître dort devant son feu, la servante vide un des flacons de liqueurs.

Haut., 38 cent.; larg., 32 cent.

REYNAUD

63 — Paysans italiens dansant le soir après la fenaison.

Haut., 77 cent.; larg., 1 m. 10 cent.

RIBOT

64 — La Récolte des pommes.

Haut., 73 cent.; larg., 59 cent.

RICHET

65 — Paysage, chaumière près d'une mare.

Haut., 48 cent.; larg., 62 cent.

RICHET

66 — Petite rivière passant devant les premières maisons d'un village.

Haut., 57 cent.; larg., 75 cent.

RICHTER

67 — L'Esclave.

Un jeune seigneur joue de la mandoline auprès d'une femme vêtue d'un riche costume oriental.

Haut., 90 cent.; larg., 67 cent.

ROUSSEAU

(THÉODORE)

68 — Lisière de bois.

Petite marc au premier plan.

Haut., 42 cent.; larg., 64 cent.

ROYBET

69 — Intérieur de harem.

Une Odalisque est couchée sur une peau de lion; près d'elle, une esclave noire joue avec un perroquet.

Haut., 72 cent.; larg., 96 cent.

ROYBET

70 — Le Fou du prince.

Un groupe de jeunes seigneurs du moyen âge rencontrent un nain tenant un chien et le regardent en riant.

Haut., 28 cent. ; larg., 35 cent.

SAINPIERRE

71 — Jeune femme nue étendue sur l'herbe au bord de l'eau et endormie.

Haut., 35 cent.; larg., 62 cent.

SAINTIN

72 — Le Bouquet de fleurs des bois.

Haut., 75 cent.; larg., 50 cent.

SCHLESINGER

73 — Italienne soulevant une draperie pour regarder par la fenêtre.

Haut., 74 cent.; larg., 60 cent.

SCHLESINGER

74 — Marguerite.

Haut., 1 m. 40 cent.; larg., 70 cent.

SCHREYER

75 — Halte de paysans valaques dans un bois.

Les chevaux paissent en liberté tandis que les cavaliers se reposent à l'ombre de grands arbres.

Tableau capital.

Haut., 86 cent.; larg., 1 m. 20 cent.

SCHREYER

76 — Soldat valaque descendu de cheval et arrêté à la porte d'une cabane.

Effet de neige.

Haut., 16 cent.; larg., 21 cent.

STEVENS

(ALFRED)

77 — Avant le bal.

Jeune femme debout vêtue de blanc et tenant son éventail à la main.

Haut., 65 cent.; larg., 48 cent.

STEVENS

(ALFRED)

78 — La Triste nouvelle.

Une dame en costume de soirée tient à la main une lettre bordée de noir, elle vient de laisser tomber son bouquet.

Haut., 71 cent.; larg., 48 cent.

STEVENS

(ALFRED)

79 — Au coin du feu.

Haut., 46 cent.; larg., 38 cent.

TOULMOUCHE

80 — Les Myosotis.

Haut., 44 cent.; larg., 31 cent.

TOULMOUCHE

81 — Ecouteuse.

Haut., 10 cent.; larg., 9 cent.

TOULMOUCHE

82 — Rêveuse.

Haut., 12 cent.; larg., 11 cent.

TROYON

83 — La Rentrée à la ferme, le soir.

Un troupeau de vaches et de moutons rentre à la ferme conduit par une paysanne et un jeune garçon.

Le soleil, qui disparaît à l'horizon, éclaire encore le ciel; toute la scène au premier plan est déjà dans l'ombre.

Haut., 66 cent.; larg., 1 m.

TROYON

84 — Un chien de garde.

Un chien enchaîné à sa niche aboie après une poule qui s'approche avec ses poussins.

Vente Troyon.

Haut., 52 cent ; larg., 65 cent.

VERBOECKHOVEN

(EUGÈNE)

85 — Au retour du marché.

Un paysan italien ramène du marché un taureau, une vache, des moutons, une chèvre, puis un âne chargé de grains; ils suivent une route qui mène à un petit pont.

Tableau important et d'une exécution très-précieuse, daté 1850.

Haut., 64 cent.; larg., 82 cent.

VERNET

(HORACE)

86 — Paysannes de la Bresse.

Haut., 37 cent.; larg., 26 cent.

WORMS

87 — La Première au rendez-vous.

Une jeune femme, vêtue du costume de l'empire, est arrêtée près d'une pièce d'eau; une levrette jappe autour d'elle.

Haut., 40 cent.; larg., 31 cent.

www.ingramcontent.com/pod-product-compliance
Lightning Source LLC
LaVergne TN
LVHW010406240826
846091LV00020B/2812

9782329498416